REGLEMENT GENERAL
FAIT PAR LE ROY
EN SON CONSEIL,

PORTANT taxe de ce que sa Majesté veut & entend estre levé pour le Port des Lettres, & Pacquets par la voye des Postes & Couriers ordinaires, y compris le quart en sus attribué par sa Majesté aux Offices de Controlleur, Peseurs & Taxeurs de Ports de Lettres & Pacquets creéz par Edit du mois de Decembre 1643. & l'ancien droit, suivant les Reglemens sur ce faits.

Du 9. Avril 1644.

A PARIS,

Chez **FREDERIC LEONARD**, Imprimeur ordinaire du Roy.

M.DC.LXXIII.

REGLEMENT GENERAL FAIT PAR

le Roy en son Conseil, Portant taxe de ce que sa Majesté veut & entend estre levé pour le port des lettres, & paquets portez par la voye des Postes & Couriers ordinaires, y compris le quart en sus attribué par sa Majesté aux Offices de Controlleur, Peseurs & Taxeurs des ports de lettres & paquets creez par Edit du mois de Decembre 1643. & l'ancien droit, suivant les Reglemens sur cefaits.

De Paris à Lyon, Mascon, Riom, Clermont-Ferrand, provinces de Limosin, Poictou, & Bourgogne, & desdits lieux & Provinces à Paris.

Du 9. Avril 1644.

LES Maistres des Couriers de Paris, Lyon, Mascon, Riom, Clermont-Ferrand, Provinces de Limosin, Poictou & Bourgogne, & desdits lieux à Paris, prendront quatre sols des lettres simples, cinq sols des doubles ausquelles y a enveloppes au dessous d'une once de poids, & sept sols de l'once des gros paquets au dessus d'une autre once.

De Paris en tous les Bureaux establis és villes de Dauphiné & desdits Bureaux de Dauphiné à Paris.

Les Maistres des Couriers de Paris à Grenoble & Dauphiné, & desdits lieux à Paris, prendront des lettres simples cinq sols, des doubles six sols, & huit sols de l'once des gros paquets.

De Paris à Bourdeaux, la Rochelle, Thoulouze, Montauban, Montpellier, Avignon, Aix, Marseille, & autres de

A

pareille diſtance deſdits lieux à Paris.

Les Maiſtres des Couriers de Paris à Bourdeaux, la Rochelle, Thoulouze, Montauban, Montpelier, Avignon,
Aix, Marſeille, & autres de pareille diſtance, & deſdits
lieux à Paris, prendront pour lettres ſimples cinq ſols, des
doubles ſept ſols, & dix ſols de l'once des gros paquets.

De Paris en Touraine, Anjou, le Maine, & deſdits
pays à Paris.

Les Maiſtres des Couriers de Touraine, Anjou, & le
Maine à Paris, & dudit Paris auſdits lieux, prendront des
lettres ſimples trois ſols, des petits paquets quatre ſols,
& cinq ſols de l'once.

De Paris en Champagne, Metz, Lorraine, Barrois &
deſdits lieux à Paris.

Les Maiſtres des Couriers deſdits lieux à Paris, & dudit
Paris eſdits lieux, prendront, ſçavoir, pour Chalons trois
ſols des lettres ſimples, quatre ſols des petits paquets, &
quatre ſols de l'once de gros paquets; & pour Metz, Lorraine & Barrois quatre ſols des lettres ſimples, cinq ſols
des doubles, & ſix ſols de l'once.

De Paris à Roüen, Baſſe-Normandie, & Bretagne, &
deſdites Provinces à Paris.

Les Maiſtres des Couriers de Paris pour Roüen, Caen,
& Baſſe-Normandie, & deſdits lieux pour Paris, prendront
trois ſols des lettres ſimples, quatre ſols pour paquets, &
cinq ſols de l'once; & pour celles de Sainct Malo, Rennes
& Laual, ils prendront quatre ſols des Lettres ſimples,
cinq ſols des doubles ou paquets excedans demie once,
& ſept ſols de l'once des gros pacquets excedans une once.

De Paris à Orleans, & d'Orleans à Paris.

Les Maiſtres des Couriers de Paris à Orleans, & d'Orleans à Paris, prendront des Lettres ſimples trois ſols, des
petits pacquets quatre ſols, & de l'once quatre ſols.

De Paris à Nantes, & de Nantes à Paris.

Les Maiſtres des Couriers de Paris à Nantes, & dudit lieu
à Paris, prendront des Lettres ſimples quatre ſols, cinq
ſols des doubles, & ſept ſols pour once des gros paquets.

De Paris à Moulins, Nevers, Auxerre, & defdites villes à Paris.

Les Maiftres des Couriers de Paris pour lefdits lieux & defdits lieux pour Paris prendront des lettres fimples, trois fols, des doubles quatre fols, cinq fols de l'once des gros paquets.

De Paris à Amiens & Calais, & defdites villes à Paris.

Les Maiftres des Couriers de Paris pour Amiens, & dudit lieu pour Paris, prendront des lettres fimples trois fols, quatre fols des doubles, & autant de l'once des paquets, & pour Calais cinq fols des lettres fimples, fix fols des petits paquets, & fept fols de l'once.

De Paris en Berry, & de Berry pour Paris.

Les Maiftres des Couriers de Paris en Berry, & de Berry pour Paris, prendront pour lettres trois fols, des petits paquets quatre fols, & de l'once des gros paquets quatre fols.

D'Aix, Marfeille, Avignon, Generalitez de Provence, & Montpellier à Lyon.

Les Maiftres des Couriers de Lyon en Provence, Avignon & Languedoc, & defdits pays à Lyon, prendront des lettres fimples quatre fols, cinq fols des Paquets excedans demie once, & cinq fols pour l'once des paquets.

De Dijon à Lyon, & de Lyon à Dijon.

Les Maiftres des Couriers de Dijon à Lyon, & de Lyon à Dijon, prendront trois fols pour chacune lettre fimple, & quatre fols de l'once des paquets.

De Lyon à Rome, Gennes, Florence, Milan, Venife, Lucques, Livorne, & autres villes d'Italie, & defdites villes à Lyon.

Les Maiftres des Couriers defdites Villes, prendront de Lyon efdites villes, & defdites villes à Lyon huit fols de chacune lettre fimple, douze fols des doubles, & feize fols de l'once.

De Lyon en Piedmont, & de Piedmont à Lyon.

Les Maiftres des Couriers de Lyon en Piedmont & de Piedmont à Lyon, prendront cinq fols de chacune Lettre fimple, fept fols des doubles, & dix fols de l'once.

Et pour toutes les autres Villes & Bourgs non exprimez au preſent Reglement, ſeront toutes lettres & paquets taxez à la meſme ſomme des Bureaux des Villes cy-deſſus taxées plus proche deſdits lieux.

Seront tous leſdits paquets peſez ſuivant les poids des villes où les Bureaux ſont eſtablis.

De tous leſquels ports de lettres & paquets cy-deſſus, en appartiendra le quart auſdits Controlleurs, Peſeurs & Taxeurs de lettres & paquets, qui ſera payé conformément à l'Edit de creation d'iceux, & juſques à ce qu'il ſoit pourveû auſdits Offices : Seront tenus les Maiſtres des Couriers, chacun en droit ſoy, obligez retenir ledit quart en ſus ſur leſdits ports de lettres & paquets, & en rendre bon & fidel compte à Maiſtre Daniel Martin, que ſa Majeſté a commis pour cet eſſet, à ſes Procureurs, ou ayans droit de luy, à quoy faire ils ſeront contrains comme pour les propres deniers & affaires de ſa Majeſté.

Faiſant tres-expreſſes defenſes ſadite Majeſté auſdits Maiſtres des Couriers & Controlleurs, Peſeurs, de prendre ny exiger aucune choſe outre les taxes faites par le preſent Reglement, leſquelles taxes toutes perſonnes de quelle condition qu'ils ſoient, ſeront tenus de payer ſans nulle exception, à la reſerve des depeſches côcernans le ſervice du Roy qui s'adreſſeront à ſon Chancelier, Surintendant des Finances, Secretaires d'Eſtat, Controlleur General & Intendant des Finances ſeulement.

Pareilles defenſes ſont faites à tous Commis & diſtributeurs de faire aucunes ſurtaxes des lettres qui leur ſeront remiſes par leſdits Maiſtres des Couriers, encore que leſdites lettres & paquets ne fuſſent aſſez taxez, à peine de punition corporelle, & leur ſera le procez fait & parfait par les Juges des lieux ſur la plainte & denonciation des Maiſtres Couriers, ou des particuliers, auſquels leſdites lettres ſont adreſſées.

Enjoint ſa Majeſté à tous Couriers ordinaires de mettre és mains des Maiſtres des Couriers en leurs Bureaux, toutes les lettres & paquets dont ils ſeront chargez en leurs voyages, sans en pouvoir faire aucune distribution, & en cas de contravention, seront punis corporellement sur la simple denonciation de leurs Maistres.

Et d'autant que plusieurs se licencient de mettre dans leurs paquets, or, argent, pierreries, & autres choses precieuses, defenses sont faites à toutes personnes qui se voudront servir de la voye de la Poste, d'y mettre aucun or, argent, pierreries, ny autres choses precieuses. Veut ladite Majesté qu'en cas de contravention où il arriveroit faute, que les Maistres des Couriers & leurs Commis n'en demeureront responsables, & neantmoins pour ne priver le public de cette commodité, & de l'envoy des sommes d'argent & autres choses precieuses de Province à autre, sera permis de les consigner & faire voir à découvert ausdits Maistres des Couriers ou leurs Commis, qui en chargeront leurs Registres & Lettres d'advis, dont ils demeureront responsables, si ce n'est en cas de vol, dont en ce cas ils demeureront dechargez en apportant procez verbaux des Juges ou Officiers des lieux, proche desquels les Couriers auront esté volez, ausquels Maistres des Couriers sa Majesté attribuë un sol pour livre de toutes les sommes qui en seront portées par lesdits Couriers ordinaires.

Sera le present Reglement affiché en tous les Bureaux des Postes de France, pour estre iceluy gardé & observé selon la forme & teneur, & executé nonobstant oppositions ou appellations quelconques, dont si aucunes interviennent, sa Majesté s'en est reservée & à son Conseil la connoissance, & icelle interdite à tous autres Juges & Officiers. Et d'autant que du present Reglement on pourra avoir affaire en plusieurs & divers lieux, sa Majesté veut qu'aux coppies collationnées par l'un de ses Conseillers & Secretaires, foy soit adjoustée comme au present Original. Fait au Conseil d'Estat du Roy, tenu à Paris le 9. d'Avril 1644. Signé, DE BORDEAUX.

REGLEMENT FAIT PAR LE

Roy en son Conseil, portant taxe de ce que sa Majesté veut & entend estre levé pour le port des Lettres & Paquets venans des pays estrangers cy-apres nommez, y compris le quart en sus, attribué par sa Majesté aux Offices de Controlleurs, Pezeurs & Taxeurs de Lettres & Paquets créez par Edict du mois de Decembre 1643. & l'ancien droict, suivant les Reglemens sur ce faits.

du 12. May 1644.

D'Angleterre à Paris.

SEra payé, sçavoir pour chacune Lettre,   dix sols.
Pour chacune double,   dix-huict sols.
Et pour chacune once,   vingt-cinq sols.

D'Angleterre, à Roüen, & Dieppe.

Pour chacune simple,   six sols.
Pour chacune double,   dix sols.
Et pour chacune once,   dix-huict sols.

D'Angleterre à Calais.

Pour chacune Lettre simple,   cinq sols.
Pour chacune double,   huict sols.
Et pour chacune once,   douze sols.

D'Anvers, Bruxelle & l'Isle, à Paris & à Roüen.

Pour chacune simple,   neuf sols.
Pour chacune double,   douze sols.
Et pour chacune once,   seize sols.

De Holande, Zelande, & Liege, à Paris.

Pour chacune Lettre simple,   seize sols.

Pour chacune double,   vingt sols.
Et pour chacune once,   vingt-cinq sols.

De Holande & Zelande à Roüen.

Pour chacune simple   quatorze sols.
Pour chacune double,   dix-huict sols.
Et pour chacune once,   vingt-deux sols.

De Madrid à Paris.

Pour chacune Lettre simple,   dix sols.
Pour chacune double,   seize sols.
Et pour chacune once,   vingt-cinq sols.

De Madrid à Roüen.

Pour chacune simple,   douze sols.
Pour chacune double,   dix-huict sols.
Et pour chacune once,   trente-deux sols.

De Seville à Paris.

Pour chacune Lettre simple,   douze sols.
Pour chacune double,   vingt-deux sols.
Et pour chacune once,   trente-trois sols.

De Seville à Roüen.

Pour chacune simple,   quatorze sols.
Pour chacune double,   vingt-quatre sols.
Et pour chacune once,   trente six sols.

Fait au Conseil d'Estat du Roy, tenu à Paris le douzieme jour de May mil six cens quarante-quatre. Signé, DE BORDEAVX.

Leu, publié, registré, ouy & ce consentant le Procureur General du Roy, pour estre executé selon sa forme & teneur. A Paris en Parlement, le Roy y seant le vingtiéme Mars mil six cens cinquante-cinq. Signé, DU TILLET.

Leu, publié & registré en la Chambre des Comptes, ouy & ce consentant le Procureur General du Roy, le

vingtième Mars mil six cens cinquante-cinq. Signé,
R I C H E R.

Collationné à l'Original par Nous Conseiller Secretaire du Roy,
Maison, Couronne de France & de ses Finances.

DECLARATION DV ROY
concernant les Postes & Relais de France.
du 17. Iuin 1655.

LOUIS par la grace de Dieu, Roy de France & de
Navarre, A tous ceux qui ces presentes Lettres verront, Salut. Par l'Edict de creation des Offices de nos Conseillers, Sur-Intendant des Postes & Relais de France
Chevaucheurs de nostre Escurie, du mois de Ianvier 1630.
par celuy des Maistres des Couriers & Bureau des dépesches & Controlleurs Provinciaux des Postes de nostre
Royaume du mois de May 1630. par autres Edits du mesme mois 1631. Portans union ausdits Sur-Intendans Generaux des Postes des pouvoirs & fonctions dont jouïs-
soient les Controlleurs Generaux, Maistres des Couriers
& Controlleurs Provinciaux desdites Postes, verifiez en
nostre Parlement de Paris, il auroit esté entierement pour-
veu à l'establissement des Postes & Relais, tant pour nostre Royaume, que pour establir le commerce & negotia-
tion dans les païs estrangers. Neantmoins plusieurs abus
s'estans glissez, non seulement dans l'exercice & fonctions
desdits Offices, mais aussi aux droicts & emolumens y at-
tribuez, lesquels toutesfois n'auroient peu estre executez
par les mouvemens survenus en nostre Royaume, non
plus que plusieurs Ordonnances que nous aurions faites
au sujet desdits Maistres des Postes & Couriers, pour les
depesches concernans nos affaires & le public, ce qui
auroit donné lieu à plusieurs establissemens nouveaux au
prejudice desdits Maistres des Couriers, Postes & Relais,
à quoy voulans pourvoir, & faire cesser les diverses conte-
stations

stations & poursuites qui pourroient estre injustement faites contre lesdits Officiers, du service desquels Nous ti-
rons des advantages considerables pour le bien de nos affaires. A CES CAUSES ayant fait mettre cette affaire en
deliberation en nostre Conseil, où estoient la Reyne nostre
tres honorée Dame & Mere, plusieurs Princes, Seigneurs
& autres grands & notables personnages: Et de nostre cer-
taine science, pleine puissance & authorité Royale, conformément à l'Arrest de nostre Conseil du huictiéme May
dernier, cy-attaché sous le contresceel des presentes, Avons
ordonné & ordonnons suivant lesdits Edicts des mois de
Janvier 1630. & May 1632. Que les Maistres des Couriers
des Generalitez de nostre Royaume, feront doresnavant
partir à tels jours & heures qu'ils jugeront necessaire des
Couriers ordinaires pour aller de nostre Ville de Paris &
autres de nostre Royaume, porter nos depesches avec di-
ligences conjointement avec celles du public, dans tous les
Bureaux des Postes establis & à establir en l'estenduë de
chacune Generalité de nostredit Royaume, pour laquel-
le ils sont creés Officiers, mesme d'une Generalité à l'autre
en traverse, & par correspondance d'un Bureau à l'autre,
soit par Poste, ou Relais de traite en traite, tant sur les
anciennes routes, que sur celles où les Postes ou Relais sont,
ou pourront estre establis, & sans qu'autres que lesdits Maistres des Couriers puissent faire aucuns establissemens de
chevaux de Postes, ny Relais de traite en traite, par correspondance, pour faire tenir lettres & paquets au prejudice
desdits Maistres des Couriers, à peine d'estre procedé contre les contrevenans par les voyes portées par nosdits Edits,
Voulons que lesdits Surintendans de nos Postes & Relais
jouïssent des pouvoirs & fonctions qui leur ont esté at-
tribuez, par leur Edict de creation : Et que ceux qui
seront pourveus des Offices de nos Conseillers, & Intendans, & Commissaires Generaux hereditaires des Postes,
Messageries & Couriers à journée, & d'un Commis de
chacun desdits Intendans en toutes les Generalitez de
nostre Royaume nouvellement creés par nostre Edict du

mois de Mars dernier, regiftré en noftredit Parlemét, foient tenus de prefter ferment, & fe faire recevoir efdits Offices pardevant lefdits Surintendans des poftes, aufquels la nomination defdits Offices leur appartiendra, vacation advenant, moyennant quoy, iceux Officiers feront difpenfez comme nous les difpenfons de prefter aucun ferment pardeuant les Juges des lieux, ainfi qu'il eft porté par noftre Edict du mois de Mars dernier, auquel nous avons dérogé & dérogeons pour ce regard, & conformément à l'Edict de creation des Offices defdits Surintendans. Entendons, que comme hereditaires & non domaniaux, ils joüiffent de l'attribution portée par iceluy, avec le plat & ordinaire en noftre Maifon & fuitte, & logement prés noftredite perfonne. Comme encores avons déchargé & déchargeons lefdits Surintendans des Poftes & lefdits Intendans & Maiftres des Couriers de toutes taxes faites ou à faire, à caufe de la revocation de la Chambre de Juftice. N'entendons qu'ils y foient compris à l'advenir, non plus que le paffé, pour quelque caufe & occafion que ce foit, comme n'eftans de la qualité des Officiers fujets à ladite Chambre de Juftice. SI DONNONS EN MANDEMENT à nos amez & feaux Confeillers, les gens tenans noftre Cour de Parlement à Paris, Que ces prefentes ils faffent lire, publier & regiftrer, & icelles faire executer de poinct en poinct felon leur forme & teneur, nonobftant tous Edicts, Declarations, Arrefts, Reglemens, & autres chofes à ce contraires, aufquels Nous avons derogé & dérogeons. CAR tel eft noftre plaifir. En témoin dequoy Nous avons fait mettre noftre feel à cefdites prefentes. DONNE' à la Fere le 17. jour de Juin l'an de grace 1655., & de noftre regne le treiziéme. Signé, LOUIS, & fur le reply, Par le Roy, PHELIPEAUX, avec paraphe. Et feellé du grand Scau de cire jaune. Et fur ledit reply eft encore efcrit:

Leuës, publiées & regiftrées, oüy le Procureur General du Roy pour eftre executées felon leur forme & teneur. A Paris au Parlement le 7. Septembre 1655. Signé, DU TILLET.

REGLEMENT FAIT PAR LE ROY pour le Port des Lettres & Pacquets tombans dans les Villes de l'Isle, Tournay, & autres Places de Flandres, venans tant des Villes de France, que autres Villes des pais Estrangers.

Du 27. Novembre 1668.

LE ROY desirant empescher qu'il ne se commette aucun abus au fait du payement des Ports de Lettres & Paquets qui seront portez par la voye des Postes, Relais & Couriers ordinaires establis de Paris dans les Villes & Places cedees à sa Majesté en Flandre par le Traitté de Paix signé à Aix la Chapelle le 2. May dernier, comme aussi des Lettres & Paquets qui tombent dans le Bureau des Postes de la ville de l'Isle venans des Païs Estrangers, & considerant que pour cette fin il est necessaire de faire un Reglement portant précisement la taxe de ce que sa Majesté veut & entend estre cy-aprés levé & payé pour le Port desdites Lettres & Paquets; Sa Majesté a ordonné ce qui ensuit.

PREMIEREMENT,

Qu'il sera payé pour chacune Lettre simple qui se portera de Paris à l'Isle, Tournay & Doüay six patars, pour la double à proportion, & pour chacune once dix patars. **DE PARIS.**

Pour chacune lettre simple de Roüen à l'Isle six patars, pour la double à proportion, & pour l'once dix patars. **ROUEN.**

Pour la simple lettre d'Abbeville & Amiens à l'Isle quatre patars, la double à proportion, & l'once six patars. **ABBEVILLE.**

Pour la lettre simple de Calais à l'Isle cinq patars, **CALAIS.**

pour la double à proportion, & pour l'once huit patars.

DOUAY, &c. Pour la lettre simple de Doüay, Courtray, Oudenarde & Tournay à l'Isle, & des unes aux autres de pareille distance deux patars, pour la double à proportion, & pour l'once quatre patars.

BAYONNE. Pour la lettre simple de Bayonne, Villes de Biscaye, Marseille & Provence à l'Isle, & de l'Isle ausdites Villes unze patars, pour la double à proportion, & pour l'once dix-huit patars.

Pour les lettres qui s'écriront de l'Isle à Bayonne & à Bourdeaux, & de Bayonne & de Bourdeaux à l'Isle, l'on payera pour le passage dudit l'Isle à Paris, & de Paris à l'Isle six patars, pour la double à proportion, & pour l'once dix patars.

BOURDEAUX, &c. Pour la lettre simple de Bourdeaux, la Rochelle, Nantes, & Saint Malo à l'Isle, & de l'Isle ausdites Villes dix patars, la double à proportion, & l'once dix-huit patars.

MADRID. Pour la lettre simple de Madrid pour l'Isle par l'Ordinaire d'Espagne, dix patars, pour la double à proportion, & pour l'once vingt-quatre patars.

SEVILLE, &c. Pour la lettre simple de Cadix, Seville, Malaga, & autres Villes de pareille distance à l'Isle dix-huit patars, pour la double à proportion, & pour l'once trente-sept patars.

RUREMONDE. Pour la lettre simple de Ruremonde à l'Isle quatre patars, pour la double à proportion, & pour l'once huit patars.

HAMBOURG. Pour la lettre simple de Hambourg pour l'Isle sept patars, pour la double à proportion, & pour l'once douze patars.

ITALIE. Pour la lettre simple d'Italie par voye d'Anvers sept patars, pour la double à proportion, & pour l'once quinze patars.

COLOGNE. Pour la lettre simple de Cologne à l'Isle quatre patars, pour la double à proportion, & pour l'once huit patars.

Pour la lettre simple d'Hollande pour l'Isle six pa- **HOLLANDE.**
tars, pour la double à proportion, & pour l'once dix
patars.

Pour la lettre simple d'Anvers trois patars, pour la dou- **ANVERS.**
ble à proportion, & pour l'once six patars.

Pour la lettre simple de Gand deux patars & demy, **GAND.**
pour la double à proportion, & l'once cinq patars.

Pour la lettre simple de Cambray à l'Isle trois pa- **CAMBRAY.**
tars, pour la double à proportion, & pour l'once six
patars.

Pour la lettre simple de Nimegue sept patars, pour **NIMEGUE.**
la double à proportion, & pour l'once douze patars.

Pour la lettre simple de Zelande à l'Isle six patars, pour **ZELANDE.**
la double à proportion, & pour l'once dix patars.

Et pour la lettre simple d'Angleterre à l'Isle six pa- **ANGLETERRE.**
tars, pour la double à proportion, & pour l'once dix
patars.

Tous lesquels paquets & onces se peseront au poids
de l'Isle.

Fait sa Majesté tres-expresses défences aux Commis
établis au Bureau de la Poste de ladite Ville de l'Isle,
de prendre ny exiger aucune chose de plus que les taxes faites par le present Reglement, lesquelles taxes toutes personnes de quelque qualité & condition qu'elles
soient, mesme les Gouverneurs des Villes & Places cy-
dessus, Lieutenans pour sa Majesté en icelles, Commissaires des Guerres, & autres Officiers seront tenus de
payer sans nulle exception, à la reserve seulement des
depesches de sa Majesté, & de ses Ministres & Secretaires
d'Estat, qui seront écrites à ceux qui sont employez
pour son service dans lesdites Villes. Entendant sa Majesté que de toutes les autres lettres & paquets qu'ils recevront, ils en payent le port sur le pied du present Reglement. Défendant sa Majesté aux Commis & Distri-
buteurs de faire aucune surtaxe des lettres & paquets
qui leur seront remis, à peine de punition corporelle.
Veut en ce cas sa Majesté que le procés leur soit fait &

B iij

parfait par l'Intendant de la Justice, Police & Finances esdites Villes & Places, sur la plainte & dénonciation des Commis preposez pour la perception des lettres & paquets audit Bureau de l'Isle, & autres, où des particuliers ausquels lesd. lettres seront adressées, ENJOINT sa Majesté à tous Couriers ordinaires de mettre és mains desdits Commis toutes lettres & paquets dont ils seront chargez en leurs passages, sans en pouvoir faire aucune distribution, à peine de punition corporelle sur la simple dénonciation qui sera faite par leurs Maistres ou par lesdits Commis preposez.

Et d'autant que l'on pourroit prendre la licence de mettre dans les paquets, or, argent, pierreries, & autres choses precieuses, Défend sa Majesté à toutes personnes de se servir de la voye de la Poste pour cet effet, Sa Majesté voulant qu'en cas de contravention, & qu'il en arrivât faute, lesdits Commis n'en soient point responsables, trouve bon neantmoins sa Majesté pour ne pas priver le public de cette commodité, & de l'envoy des sommes de deniers & autres choses precieuses, que ceux qui en voudront faire tenir par la Poste, les consignent & fassent voir à découvert ausdits Commis, lesquels en chargeront leur registre & lettre d'avis, moyennant ce ils en seront responsables, si ce n'est que les Couriers fussent volez, auquel cas ils en demeureront déchargez, en rapportant par eux des procés verbaux des Juges ou Officiers des lieux proche desquels lesdits vols auront esté faits, ausquels Commis sa Majesté attribue un sol pour livre de toutes les sommes qui seront portées par lesdits Couriers ordinaires.

Veut sa Majesté que le present Reglement soit affiché au Bureau de l'Isle, & autres où besoin sera, pour estre iceluy gardé & observé selon sa forme & teneur, & exécuté nonobstant oppositions ou appellations quelconques, dont si aucunes interviennent, sa Majesté s'est reservé la connoissance, & icelle interdite à toutes ses Cours & autres Juges: Et d'autant que du present Reglement l'on

pourroit avoir à faire en divers lieux, Sa Majesté veut
qu'aux Copies d'iceluy deuement collationnées par l'un
de ses Conseillers & Secretaires, Maison & Couronne de
France, foy soit ajoutée comme au present Original.
Fait à Paris le 27 Novembre 1668. Signé, LOUIS,
Et plus bas, LE TELLIER.

Collationné à l'Original, par Nous Conseiller Secretaire du Roy,
Maison, Couronne de France, & de ses Finances.

REGLEMENT FAIT PAR LE ROY

pour le port des Lettres de Paris à Hesdin, Gra-
velines, Bourbourg, Dunquerque, Bergues, Furnes,
Landrecy, le Quesnoy, Avesnes, Philipeville,
Mariembourg, Binche & Charleroy, & desdites
Villes en celle de Paris, & de l'Isle & autres
villes de Flandres à Paris.

Du 27. Novembre 1668.

LE ROY desirant empescher qu'il ne se commette
aucun abus au fait du payement des Ports de Lettres & Paquets qui seront portez par la voye des Postes,
Relais, & Couriers ordinaires establis de Paris dans les
villes de Hesdin, Gravelines, Bourbourg, Dunquerque,
Bergues, & Furnes, & lieux en dépendans, & dans celles de Landrecy, le Quesnoy, Avesnes, Philipeville, Mariembourg, Binche, & Charleroy, & desdites Villes à Paris, comme aussi des lettres qui seront écrites audit Paris des villes de l'Isle, Tournay, Douay, & autres Villes de Flandres cedées à sa Majesté par le dernier Traité
de Paix conclud & signé à Aix-la-Chapelle, le deuxième
May dernier cy-après nommées. Et considerant que pour
cette fin il est necessaire de faire un Reglement, portant

precisément la taxe de ce que sa Majesté veut & entend
estre cy-après levé & payé pour le port desdites lettres
& paquets, Sa Majesté a ordonné ce qui ensuit.

PREMIEREMENT,

Qu'il sera payé pour chacune lettre simple qui se portera de Paris à Gravelines, Bourbourg, Dunquerque, Bergues, & Furnes, & desdits lieux à Paris, sept sols, pour la
double à proportion, & pour chacune once douze sols.

Pour chacune lettre simple de Paris à Hesdin, & de
Hesdin à Paris, six sols, pour la double à proportion, & dix
sols de l'once.

Pour la lettre simple de Paris à Landrecy, le Quesnoy, &
Avesnes, & desdites Villes, à Paris cinq sols, pour la double à proportion, & dix sols de l'once.

Pour la lettre simple de Paris à Philipeville, Marien-
bourg, Binche, & Charleroy, six sols, la double à proportion, & l'once douze sols.

Pour la lettre simple de l'Isle, Tournay, Douay, & autres villes de Flandres cedées à sa Majesté par ledit Traité
d'Aix-la-Chapelle, qui ne sont pas cy-dessus nommées, à
Paris, six sols, pour la double à proportion, & pour l'once
douze sols.

Fait sa Majesté très-expresses défences aux Commis des
Bureaux des Postes establis esdites Villes, de prendre ou
exiger aucune chose de plus que les taxes faites par le pré-
sent Reglement, lesquelles taxes toutes personnes de
quelque qualité & condition qu'elles soient, mesme les
Gouverneurs des Villes & Places cy-dessus, Lieutenans
pour sa Majesté en icelles, Commissaires des Guerres &
autres Officiers seront tenus de payer sans nulle exception,
à la reserve seulement des dépesches de sa Majesté, &
de ses Ministres & Secretaires d'Estat, qui seront écrites
à ceux qui sont employez pour son service dans lesdites
Villes. Entendant sa Majesté que de toutes les autres lettres & paquets qu'ils recevront, ils en payent le port
sur le pied du present Reglement, Defendant sa Majesté
aux

aux Commis & Diſtributeurs de faire aucune ſurtaxe des
lettres & paquets qui leur ſeront remis, à peine de punition corporelle. Veut en ce cas ſa Majeſté que le procés leur ſoit fait & parfait par l'Intendant de la Juſtice,
Police & Finances, eſdites Villes & Places, ſur la plainte & dénonciation des Commis prepoſez pour la perception des lettres & paquets auſdits Bureaux, ou des
particuliers auſquels leſdites lettres ſeront adreſſées.
ENJOINT ſa Majeſté à tous Couriers ordinaires de
mettre és mains deſdits Commis toutes lettres & paquets
dont ils ſeront chargez en leurs paſſages, ſans en pouvoir
faire aucune diſtribution, à peine de punition corporelle,
ſur la ſimple dénonciation qui ſera faite par leurs Maiſtres, ou par leſdits Commis prepoſez.

Et dautant que l'on pourroit prendre la licence de
mettre dans les paquets, or, argent, pierreries, & autres
choſes precieuſes, Défend ſa Majeſté à toutes perſonnes
de ſe ſervir de la voye de la Poſte pour cét effet; Sa Majeſté voulant qu'en cas de contravention, & qu'il en arrivât
faute, leſdits Commis n'en ſoient point reſponſables,
trouve bon neantmoins ſa Majeſté pour ne pas priver le
public de cette commodité, & de l'envoy des ſommes
de deniers & autres choſes precieuſes, que ceux qui en
voudront faire tenir par la Poſte, les conſignent & faſſent
voir à découvert auſdits Commis, leſquels en chargeront
leur regiſtre & lettre d'avis, & moyennant, ce ils en ſeront
reſponſables, ſi ce n'eſt que les Couriers fuſſent volez,
auquel cas ils en demeureront déchargez, en rapportant
par eux les procés verbaux des Juges ou Officiers des
lieux proche deſquels leſdits vols auront eſté faits, auſquels Commis ſa Majeſté attribuë un ſol pour livre de
toutes les ſommes qui ſeront portées par leſdits Couriers
ordinaires.

Veut ſa Majeſté que le preſent Reglement ſoit affiché
aux Bureaux deſdites Villes & autres lieux que beſoin
ſera, pour eſtre iceluy gardé & obſervé, ſelon ſa forme
& teneur, & executé, nonobſtant oppoſitions ou appel-

G

lations quelconques ; dont si aucunes interviennent, sa Majesté s'est reservée la connoissance, & icelle interdite à toutes les Cours & autres Juges : Et d'autant que du present Reglement l'on pourroit avoir à faire en divers lieux, Sa Majesté veut qu'aux Copies d'iceluy deuëment collationnées par l'un de ses Conseillers & Secretaires, Maison & Couronne de France, foy soit ajoûtée comme au present Original. Fait à Paris le vingt-neufiéme Novembre mil six cens soixante-huit. Signé, LOUIS, Et plus bas, LE TELLIER.

Collationné à l'Original, par Nous Conseiller Secretaire du Roy, Maison, Couronne de France & de ses Finances.

EXTRAIT DES REGISTRES DU
Conseil d'Estat du Roy.

LE Roy s'estant fait representer en son Conseil la Declaration du 15. Mars dernier, portant reunion à son Domaine des droits qui avoient appartenu aux Maistres des Couriers de son Royaume, tant François qu'Estrangers, & delaissement à M. Lazare Patin des revenus des ports de lettres & paquets tombant dans tous les Bureaux des Postes de sondit Royaume, pendant cinq années, à commencer du premier jour de Janvier de l'année 1672. pour en jouyr conformément aux Reglemens & Arrests du Conseil, des 9. Avril & 12. May 1644. l'Arrest dudit Conseil donné en consequence le 19. Mars ensuivant, lesdits Reglemens contenans la taxe du port des lettres & paquets qui seront envoyez de cette Ville de Paris, tant dans les Provinces de Bretagne & Normandie, que dans toutes les autres du Royaume : l'Arrest du Parlement de Bretagne du 3. Juin dernier, par lequel au prejudice des deffences portées par lesdites Declaration & Arrest, de connoistre du fait desdites Postes dont la connoissance est relevée à la Ma-

jesté & à sondit Conseil, icelle interdite à toutes autres
Cours & Juges. Ledit Parlement de Bretgne a fixé le
port des lettres & paquets qui seront envoyez de l'un
à l'autre des Villes de ladite Province, & le fort au
dessous des taxes contenuës audit Reglement, lequel
Arrest cause un si grand préjudice aux droits de Sa Majesté & une telle diminution du revenu desdites Postes,
que s'il avoit lieu, il n'y a personne qui peust ou voulust
se charger du recouvrement desdits droits dans l'estenduë du ressort dudit Parlement. A quoy Sa Majesté ju-
geant necessaire de remedier, SA MAJESTE' ESTANT
EN SON CONSEIL, sans s'arrester à l'Arrest dudit
Parlement de Bretagne dudit jour 3. Juin 1672. qu'elle
a cassé & annullé & tout ce qui peut s'en estre suivi,
a ordonné & ordonne que le Reglement fait au Conseil de Sa Majesté de l'année 1644. concernant la taxe
des ports de lettres & paquets dans les Villes du Royaume,
sera ponctuellement exécuté, & que conformément à
iceluy, il sera payé pour toutes les lettres & paquets
venans de Paris à Rouen és Villes de Laval, Rennes,
Nantes, S. Malo & autres de pareille distance, sçavoir des simples lettres quatre sols, des doubles cinq
sols, & de l'once sept sols, des Villes distantes l'une de
l'autre de quatre vingt lieuës & au dessus, des lettres
simples cinq sols, des doubles huit sols, & de l'once
dix sols, des Villes distantes l'une de l'autre depuis vingt-
cinq lieuës jusques à cinquante & soixante, les simples
trois sols, les doubles quatre sols & cinq sols de l'once,
& de toutes celles au dessous de vingt-cinq lieuës, des
simples deux sols, trois sols des doubles & quatre sols
de l'once. Fait Sa Majesté tres expresses inhibitions &
defences audit Parlement de Bretagne de prendre connoissance des Reglemens concernans les ports de lettres & paquets, mesme de celuy dudit jour 9. Avril
1644. circonstances & dépendances d'icelles à peine
de nullité. Enjoint Sa Majesté au Gouverneur & son
Lieutenant General en la Province de Bretagne, de re-
nir la main à l'execution du present Arrest & dudit Re-

C ij

glement, lesquels Sa Majesté veut estre gardez & observez, nonobstant oppositions ou appellations quelconques, dont si aucunes interviennent, Elle s'en est reservée & reservé la connoissance & à sondit Conseil, & icelle interdire & défendre à toutes les autres Cours & Juges. FAIT au Conseil d'Estat du Roy, Sa Majesté y estant tenu à Versailles le vingt-quatriéme jour du mois de Mars mil six cens soixante-treize. Signé, LE TELLIER.

LOUIS PAR LA GRACE DE DIEU ROY DE FRANCE ET DE NAVARRE: A Nostre tres cher & bien amé Cousin le Duc de Chaunes, Pair de France, Gouverneur & nostre Lieutenant General en Bretagne, SALUT. Ayant par Arrest ce jourd'huy rendu en nostre Conseil d'Estat, Nous y estant, cy attaché sous le contrescel de nostre Chancelerie, ordonné que sans nous arrester à l'Arrest rendu au Parlement de Bretagne le 3 Juin 1673. que nous avons cassé & annullé; le Reglement fait en nostre Conseil en l'année 1644. concernant la Taxe des ports de lettres & Paquets dans les Villes du Royaume, sera executé & conformément à iceluy, fixé de nouveau lesdits ports de lettres & paquets, A ces causes, Nous voulons & execute & vous mandons par ces Presentes, signées de nostre main, que suivant ce qui est enjoint par ledit Arrest, vous ayez à tenir la main à l'execution d'iceluy, selon sa forme & teneur. Commandons au premier nostre Huissier ou Sergent sur ce requis, de faire pour ladite execution & de ce que vous pourrez ordonner en consequence, tous Exploits & autres actes requis & necessaires, sans pour ce demander autre congé ny permission. Car tel est nostre plaisir. Donné à Versailles le vingt-quatriéme jour de Mars, l'an de grace mil six cens soixante-treize. Et de nostre Regne le trentiéme. Signé, LOUIS. Et plus bas, Par le Roy, LE TELLIER. Et scellé du grand Sceau de cire jeaune.

Collationné aux Originaux, par Nous Conseiller Secretaire du Roy, Maison, Couronne de France, & de ses Finances.

CHARLES d'Ally Duc de Chaunes, Pair de France, Vidame d'Amiens, Chevalier des Ordres du Roy, Gouverneur & Lieutenant general des Païs & Duché de Bretagne, & des Camps & Armées de Sa Majesté: A tous ceux qui ces presentes Lettres verront, Salut. Veu par Nous l'Arrest du Conseil d'Estat du Roy donné à Versailles le vingt-quatriéme jour de Mars dernier, Signé le Tellier, avec des Lettres patentes en forme de Commission dudit jour, Signées, LOUIS. Et plus bas, Par le Roy, LE TELLIER, & scellées du grand Sceau de cire jaune, par lesquelles, pour les causes y contenuës, Sa Majesté a ordonné, que sans avoir egard à l'Arrest du Parlement de Bretagne du 3. Juin 1672. le Reglement fait en son Conseil en l'année 1644. concernant la taxe des ports de lettres dans les villes du Royaume, sera executé, & conformément à iceluy fixé de nouveau lesdits ports de lettres & paquets. Nous, conformément à la volonté de Sa Majesté: Ordonnons que ledit Arrest du Conseil d'Estat du Roy du 24. Mars 1673. & Commission sur iceluy, seront executées selon leur forme & teneur. Mandons à tous Lieutenans generaux, Gouverneurs, Officiers, Maires, Echevins & tous autres qu'il appartiendra, de tenir la main à l'execution dudit Arrest & Reglement, lesquels seront gardez & observez nonobstant oppositions ou appellations quelconques. En temoin de quoy Nous avons signé ces Presentes, icelles fait sceller du cachet de nos armes, & contresigner par nostre Secretaire ordinaire. A Paris ce huitiéme jour d'Avril mil six cens soixante treize. Signé, LE DUC DE CHAUNES. Et plus bas, Par Monseigneur, ROLLO